I LOVE TO BRUSH MY TEETH

ME ENCANTA LAVARME LOS DIENTES

by Shelley Admont

Illustrated by Sonal Goyal, Sumit Sakhuja

www.sachildrensbooks.com

Copyright©2015 by Inna Nusinsky Shmuilov

innans@gmail.com

All rights reserved. No part of this book may be reproduced in any form or by any electronic or mechanical means, including information storage and retrieval systems, without written permission from the publisher or author, except in the case of a reviewer, who may quote brief passages embodied in critical articles or in a review.

Todos los derechos reservados. Ninguna parte de este libro se puede utilizar o reproducir de cualquier forma sin el permiso escrito y firmado de la autora, excepto en el caso de citas breves incluidas en reseñas o artículos críticos.

First edition, 2015

Traducción al inglés de Laura Bastons Compta

I Love to Brush My Teeth (Spanish Bilingual Edition)/ Shelley Admont
ISBN: 978-1-926432-79-3 paperback
ISBN: 978-1-77268-421-6 hardcover
ISBN: 978-1-926432-78-6 eBook

Please note that the Spanish and English versions of the story have been written to be as close as possible. However, in some cases they differ in order to accommodate nuances and fluidity of each language.

Although the author and the publisher have made every effort to ensure the accuracy and completeness of information contained in this book, we assume no responsibility for errors , inaccuracies, omission, inconsistency, or consequences from such information.

For those I love the most-S.A

Por aquellos a quien mas amo -S.A.

Morning came and the sun was shining in the faraway forest. There, in a small house, lived little bunny Jimmy, with his parents and two older brothers.

Llegó la mañana y el sol brillaba en el lejano bosque. Allí, en una diminuta casa, vivía el pequeño conejito Jimmy con sus padres y sus dos hermanos mayores.

Mom came into the room that Jimmy shared with his brothers.

Mamá entró en la habitación que Jimmy compartía con sus hermanos.

First she kissed the oldest brother, who slept peacefully in his blue bed. Next she gave a kiss to the middle brother, who was still sleeping in his green bed.

Primero besó al hermano mayor, quien dormía plácidamente en su cama azul, y después le dio un beso al hermano mediano que todavía dormía en su cama verde.

Finally, Mom went to Jimmy's orange bed, and gave him a kiss.

Finalmente, mamá fue a la cama naranja de Jimmy y le dio un beso.

"Good morning, children," said Mom. "It's time to rise."

—¡Buenos días, niños!—dijo mamá—. Es hora de levantarse.

Getting out of bed, the oldest brother made his way to the bathroom.

Tras levantarse de la cama, el hermano mayor se fue al baño.

"Wow!" he shouted, "I have a brand-new toothbrush! It's blue, my favorite color. Thank you, Mom." He started to brush his teeth.

—¡Guau! —gritó—. ¡Tengo un nuevo cepillo de dientes! Es azul, mi color favorito. ¡Gracias, mamá! Y empezó a cepillarse los dientes.

The middle brother followed him. "I have a new toothbrush as well, and mine's green!" he exclaimed and also began to brush his teeth.

El hermano mediano lo siguió.
—¡Yo también tengo un cepillo de dientes nuevo y el mío es verde! —exclamó, mientras también empezaba a cepillarse los dientes.

Jimmy got out of bed and walked slowly towards the bathroom. *Why even bother brushing my teeth?* he thought. *My teeth are fine as they are.*

Jimmy se levantó de la cama y caminó lentamente hacia el baño. "¿Por qué molestarse en cepillarme los dientes?" pensó. "Mis dientes están bien como están".

"Look, Jimmy," said his oldest brother, "you have a new toothbrush too. It's orange like your bed."

—Mira, Jimmy —dijo su hermano mayor—. Tú también tienes un cepillo de dientes nuevo. Es naranja como tu cama.

"So I have a new toothbrush, big deal." Jimmy stood in front of the mirror, but he still didn't start brushing his teeth.

—Así que tengo un nuevo cepillo de dientes, ¡gran cosa!—. Jimmy se detuvo frente al espejo, pero aún así no empezó a cepillarse los dientes.

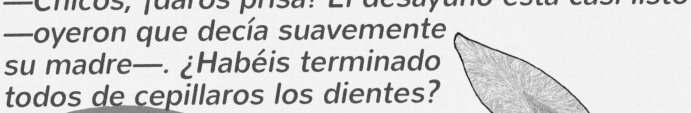

"Kids, hurry up! Breakfast is almost ready," they heard their mother's soft voice. "Has everyone finished brushing their teeth?"

—Chicos, ¡daros prisa! El desayuno está casi listo —oyeron que decía suavemente su madre—. ¿Habéis terminado todos de cepillaros los dientes?

"I've finished," answered the oldest brother and ran out of the bathroom.

—Yo he terminado —contestó el hermano mayor saliendo del baño.

"Me too," replied the middle brother. He ran after his brother to the kitchen.

—Yo también —respondió el hermano mediano, corriendo hacia la cocina tras su hermano.

"Mom, I finished brushing my teeth too," shouted Jimmy. He was just about to leave the bathroom, when he heard a voice.

—Mamá, yo también he terminado de cepillarme los dientes —gritó Jimmy. Y estaba a punto de salir del baño cuando oyó una voz.

"It's not nice to lie," the voice said. "You didn't brush your teeth."

—*Mentir no está bien —dijo la voz—. No te has cepillado los dientes.*

"Who said that?" asked Jimmy as he looked around in confusion.

—¿Quién dijo eso? —preguntó Jimmy mirando a su alrededor, confuso.

"Over here," was the reply.

—Aquí —respondió la voz—.

Frowning at him was his new orange toothbrush, standing on the counter. He just couldn't believe his eyes!

Jimmy se sorprendió al ver que su nuevo cepillo naranja le hablaba frunciéndole el ceño. Allí, parado sobre el mostrador. Sencillamente, no podía creer lo que veían sus ojos.

"A toothbrush can't talk," he said in a stunned voice.

—Un cepillo no puede hablar —dijo Jimmy con voz aturdida.

"I sure can. I'm a magical toothbrush," said the toothbrush proudly. "My job is to make sure EVERYONE brushes his teeth."

—*Por supuesto que puedo. Soy un cepillo de dientes mágico —dijo el cepillo de dientes—. Mi trabajo es hacer que todo el mundo se cepille los dientes.*

Jimmy laughed in response. "I didn't brush my teeth and nothing bad happened to me."

Jimmy soltó una carcajada como respuesta. —No me he lavado los dientes y no me ha pasado nada malo.

"Look at yourself," the brush said. "Your teeth are yellow and your breath smells terrible."

—*Mírate* —*dijo el cepillo*—. *Tus dientes están amarillos y tu aliento huele horriblemente mal.*

"That's not true, brush. You're just making it up!" Jimmy took the toothbrush and threw it far into the corner of the bathroom.

—*Eso no es cierto, cepillo. ¡Te lo estás inventando!* —*Jimmy cogió el cepillo de dientes y lo lanzó lejos, apuntando a la esquina del cuarto de baño.*

Then he ran into the kitchen to have his breakfast.

A continuación, corrió a la cocina para desayunar.

"That's no way to treat me," shouted the toothbrush. "I'm a magical toothbrush. I'll prove how important I am!"

—*Esa no es manera de tratarme* —*dijo el cepillo—. Soy un cepillo de dientes mágico. ¡Le demostraré lo importante que soy!*

By this time, Jimmy was already sitting down next to his brothers in the kitchen.

Por entonces, Jimmy ya se había sentado en la mesa de la cocina junto a sus hermanos.

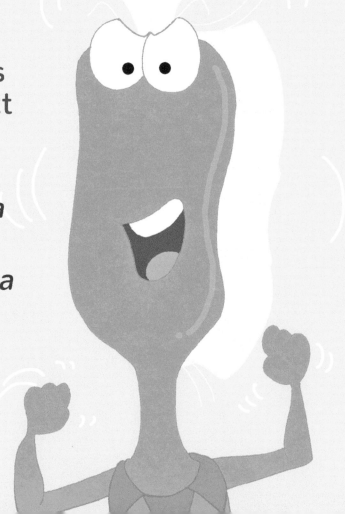

He took a sandwich and brought it to his mouth. But then the sandwich jumped out of Jimmy's hands right onto the plate of his oldest brother. *Había cogido un bocadillo y se disponía a llevárselo a la boca. Pero, entonces, el bocadillo saltó desde las manos de Jimmy al plato de su hermano mayor.*

Instead of the sandwich, Jimmy had bitten his fingers — hard!

En lugar del bocadillo, Jimmy se había mordido los dedos, ¡y lo había hecho con mucha fuerza!

"Who does this sandwich belong to?" the brother asked.

—¿De quién es este bocadillo?—preguntó el hermano mayor.

"My sandwich ran away from me," answered Jimmy. "It's mine!"

—Mi bocadillo se me escapó —respondió a Jimmy—. ¡Es mío!

"Quite an imagination you have, sweetie. How can a sandwich run away?" his mother said.

—Tienes una gran imaginación, cariño. ¿Cómo puede escaparse un bocadillo? —preguntó su madre.

"I don't know how, but that's really what happened," said Jimmy.

—No sé cómo, pero eso es lo que pasó —dijo Jimmy.

Then, Mom gave him a big plate full of salad. "Here, perhaps you would like to eat a delicious vegetable salad instead," she said.

Entonces, mamá le dio un plato lleno de ensalada.
—Mira, tal vez prefieras comer una deliciosa ensalada en lugar de eso —dijo la madre.

"Yummy, I love vegetable salad," said Jimmy, about to start eating. Suddenly, the salad plate leaped up and settled down on the table near his middle brother.

—Bien, me encanta la ensalada —dijo Jimmy, a punto de empezar a comer. De repente, el plato de ensalada saltó encima de la mesa y fue a parar junto a su hermano mediano.

"Look," said the middle brother, "how did your plate get over here?"
—Mira —dijo el hermano mediano—. ¿Cómo ha venido a parar aquí tu plato?

"You were right, honey! Your food is running away from you!" said their astonished mom. "That's strange."

—¡Tenías razón, cariño! ¡La comida huye de ti! —dijo su madre asombrada—. ¡Esto es muy raro!

"Mom, I'm getting hungry already. What can I eat?" said Jimmy.

—Mamá, tengo hambre. ¿Qué puedo comer? —dijo Jimmy.

Mom thought for a moment. "How about your favorite carrot cake? I'll give you a big slice."

Mamá pensó por un momento.
—¿Qué tal tu pastel de zanahoria favorito? Te voy a dar una gran rebanada.

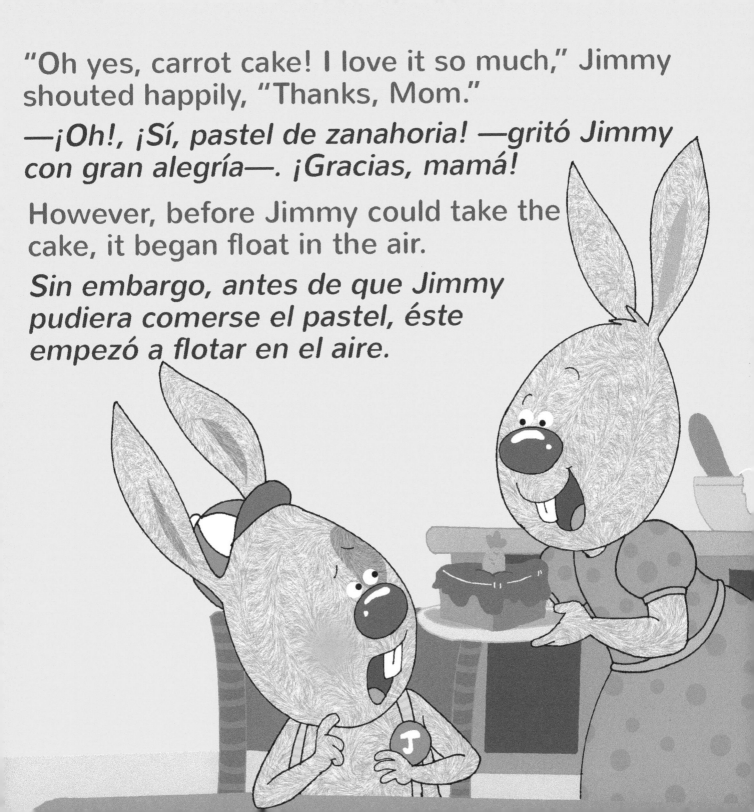

"Oh yes, carrot cake! I love it so much," Jimmy shouted happily, "Thanks, Mom."

—¡Oh!, ¡Sí, pastel de zanahoria! —gritó Jimmy con gran alegría—. ¡Gracias, mamá!

However, before Jimmy could take the cake, it began float in the air.

Sin embargo, antes de que Jimmy pudiera comerse el pastel, éste empezó a flotar en el aire.

Jimmy started chasing the piece of cake.
Jimmy empezó a perseguir el pedazo de pastel.

He jumped on the sofa, but the cake zoomed back to the table.

Saltó sobre el sofá, pero la tarta regresó a la mesa.

Jimmy ran back to the table and then the cake flew out of the house. Jimmy rushed after it.

Jimmy volvió corriendo a la mesa y luego la tarta voló fuera de la casa. Jimmy corrió tras ella.

The cake looped around the house while Jimmy trailed behind it. Another round and another and another, and still Jimmy followed.

El pastel daba vueltas alrededor de la casa mientras Jimmy corría tras él. Otra vuelta y otra vuelta, y Jimmy todavía perseguía a su pastel.

Until he had run out of breath. Tired, Jimmy sat down at the entrance of the house and started crying.

Hasta que, por fin, se quedó sin aliento. Cansado, Jimmy se sentó en la entrada de la casa y empezó a llorar.

At the same moment, two of his friends were passing by.

En ese mismo momento, dos de sus amigos pasaban por delante de la casa.

"Hey, Jimmy," they greeted. "Why are you sitting here looking so sad? Come play with us."

—¡Hola, Jimmy!—saludaron—. ¡Ven a jugar con nosotros!

"Yes, I'd like that!" Jimmy ran towards them. "You won't believe what happened to me today!"

—¡Sí, me gustaría! —dijo Jimmy corriendo hacia ellos—. ¡No os vais a creer lo que me ha pasado hoy!

But, as he opened his mouth, the friends shouted,

Pero, en cuanto abrió la boca, sus amigos dieron un paso atrás mientras le decían:

"Yikes, what a stink! We'll go play somewhere else while you go brush your teeth!" With that, they ran away.

—¡Ay, qué olor! Iremos a jugar a otro sitio mientras te cepillas los dientes—. Y salieron corriendo.

Bursting into tears yet again, Jimmy entered the house.

Estallando en llanto una vez más, Jimmy entró en su casa.

He went to the bathroom and saw the magical toothbrush flying in the air.

Se fue al cuarto de baño y vio cómo el cepillo de dientes mágico estaba dando vueltas en el aire.

"Hello, Jimmy. I've been waiting for you. Do you want to brush your teeth now?" Jimmy nodded.

—¡Hola, Jimmy! Te he estado esperando. ¿Quieres cepillarte los dientes ahora? —Jimmy asintió con la cabeza.

Jimmy started brushing his teeth, from one side to the other, top and bottom, front and back.

Entonces, Jimmy comenzó a cepillarse los dientes, de un lado a otro, de arriba a abajo, de delante hacia atrás.

He brushed his teeth until they became white and shiny.

Se cepilló los dientes hasta que quedaron blancos y brillantes.

Gazing proudly at his reflection in the mirror, Jimmy said, "Thank you, brush. It was even nice and pleasant to brush my teeth. I now have sweet-smelling breath too."

Contemplando con orgullo su reflejo en el espejo, Jimmy dijo:
—¡Gracias, cepillo! Cepillarme los dientes ha sido incluso agradable y divertido.

"You look great," said the brush. "By the way, my name is Leah. I'm always here to help."

—¡Se te ve bien! —dijo el cepillo—. Por cierto, me llamo Leah. Y estaré siempre aquí para ayudarte.

That's how Jimmy and Leah became good friends.
Así fue como Jimmy y Leah se hicieron buenos amigos.

Ever since that day, they've seen each other twice a day to protect Jimmy's teeth and help them grow strong and healthy.

Desde ese día, se ven dos veces al día para proteger los dientes de Jimmy, ayudándoles a que crezcan fuertes y sanos.

CPSIA information can be obtained
at www.ICGtesting.com
Printed in the USA
LVHW07*2213110718
583346LV00022B/44/P

9 781772 684216